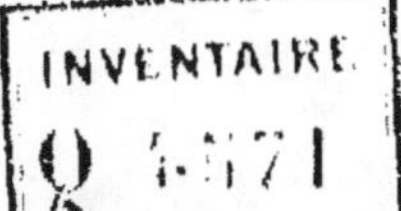

LA

DERMOTYPOTEMNIE.

....

ÉTUDE SUR QUELQUES LIVRES

Cum figuris et characteribus ex nulla materia compositis

PAR

ERNEST AUMERLE.

ISSOUDUN,

IMBERT ET GAIGNAULT, IMPRIMEURS-LIBRAIRES,

Successeurs de M. P. Gotard

1867.

LA DERMOTYPOTEMNIE.

ÉTUDE SUR QUELQUES LIVRES

Cum figuris et characteribus ex nulla materia compositis.

Les bibliophiles qui se sont occupés des livres *cum figuris et characteribus ex nulla materia compositis*, semblent, à l'exception de Sanderus et de Lambinet, avoir abordé un sujet dont ils n'étaient pas maîtres. Ils décrivent par intuition, sans avoir vu ; confondant sans critique les méthodes, les procédés, les aspects, les nuances.

Après avoir attentivement examiné un livre qui est dans ma famille depuis plus de 160 ans, et l'avoir comparé avec ceux qui se trouvent à la bibliothèque Impériale et à celle de Rouen, j'ai entrepris de fixer les idées sur la *dermotypographie*. Ai-je réussi ? Je n'ose le croire, mais j'ai tenté de le faire.

E. AUMERLE.

Issoudun, 25 Janvier 1863.

LA
DERMOTYPOTEMNIE.

**

ÉTUDE SUR QUELQUES LIVRES

Cùm figuris et characteribus ex nulla materia compositis,

PAR

ERNEST AUMERLE.

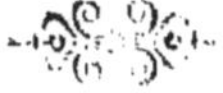

ISSOUDUN,

IMBERT ET GAIGNAULT, IMPRIMEURS-LIBRAIRES,
Successeurs de M. P. Cotard.

1867.

LA DERMOTYPOTEMNIE.

ÉTUDE SUR QUELQUES LIVRES

Cum figuris et characteribus ex nulla materia compositis.

§ Ier.

Dans une lettre (1) et une brochure (2) publiées en 1857, j'appelais l'attention sur une œuvre du XVIe siècle, exécutée d'après un procédé fort original : c'est un manuscrit sur vélin des Psaumes de la Pénitence dont les vignettes, les gravures et le texte, ont été découpés à jour. On dirait l'effort d'une lutte suprême de la miniature qui cherche à égaler, en se transformant, la gravure sur bois, sur métal et la typographie.

Pour fixer les idées, je donnais à cette tentative artistique le nom de *dermotypotemnie.*

Pendant longtemps les bibliophiles n'avaient connu qu'un seul ouvrage analogue à celui que je mettais en lumière. Sanderus, qui paraît en avoir parlé le premier, l'appelle *Liber passionis D. N. J. C., cum figuris et characteribus, ex nulla materia compositis* (1), c'est-à-dire *Livre de la passion, dont les figures et les caractères ne sont composés d'aucune matière.*

Pour comprendre cette expression énigmatique et recherchée, il

(1) Journal général de l'Imprimerie et de la Librairie : *Un manuscrit du XVIe siècle,* 5 et 12 déc. 1857.

(2) *Les Psaumes de la Pénitence du Roi François Ier,* H. Gotard, Issoudun, 1857, in-8. Voir encore le bienveillant article de M. Léon Michel, *Moniteur universel,* 28 sept. 1858, *la Dermotypotemnie. Le Découpage au canivet.* Magasin pittor., nov. 1862.

faut se représenter des peaux de vélin percées à jour à l'aide d'un instrument acéré, où les vides produits par l'outil, se combinant à la matière épargnée, représentent avec une remarquable perfection le texte, les majuscules, les lettres capitales, les cartouches, les vignettes, les grands sujets; en un mot, tous les ornements des beaux livres illustrés. Le vélin a été *champlevé* comme le bois le serait par *la pointe*. Mais dans cette dernière opération, la *plaque* n'est fouillée que jusqu'à une certaine profondeur et les traits du dessin laissés en saillie. Ici, on le conçoit, le parchemin a été perforé entièrement et offre l'aspect d'une dentelle ourdie par les *tailles*; c'est une gravure dont *le fond* manque. Pour combler cette lacune et ne rien faire perdre aux yeux des détails du découpage, on a placé derrière les déchiquetures un corps opaque et coloré, rouge, bleu, noir, or; et le vélin, à travers ses tailles blanches, laisse, lorsque le livre est ouvert, apercevoir le fond de couleur sur lequel les lettres capitales, les vignettes, les estampes viennent s'appliquer pour se détacher en saillie, comme dans un camée dont les couches inférieures, plus ou moins obscures, font ressortir les figures en blanc.

Les minuscules, les majuscules, qu'il ne faut pas confondre avec les capitales, les signes numériques et de ponctuation; et enfin certains menus ornements que l'on rencontre disséminés çà et là dans ces ouvrages singuliers, y sont rendus d'après une autre méthode. Leur image, préalablement dessinée sans doute, a été évidée, enlevée complètement par l'instrument; et, constitués par leurs contours seuls, ces lettres, ces signes, ces cartouches empruntent pour leur coloration le corps opaque sur lequel leur spectre est appliqué.

Enfin, faisant un nouvel appel à la gravure en creux, et la combinant avec la gravure en relief, on a, dans le vélin découpé qui constitue les lettres capitales, les vignettes, les estampes, pratiqué des tailles d'une délicatesse extrême, au fond desquelles apparaît le corps coloré. Grâce à elles, l'artiste a trouvé moyen d'indiquer l'ombre et la lumière, d'accentuer le clair-obscur, de modeler et de différencier les détails, d'obtenir des effets de perspective et de second

---

(1) Antonius Sanderus, *Bibliotheca belgica manuscripta*, Insulis, apud Toussaini Leclere. 1644, in-4.

plan ; de réaliser, en un mot, l'illusion d'une gravure finement et purement exécutée.

Si, par la pensée, on accolait d'une façon permanente la peau de vélin à la feuille qui la précède ou qui la suit, on obtiendrait, comme par la xylographie, un folio *anopistographié* à deux couleurs, ou quelque chose d'analogue à ces enluminures *polychromes* des anciens manuscrits ou des premiers livres imprimés. Comme on le voit, ces figures, ces caractères, ces estampes ne sont pas absolument composés *ex nulla materia*. Le vélin a été travaillé de telle sorte, qu'il constitue une matrice tantôt négative, tantôt positive, comme ces *patrons découpés* ou *poncifs* dont l'intervention se fait sentir dans l'industrie et l'art contemporains (1).

§ II.

« On aurait peine à croire que quelqu'un se fût avisé de faire tout
» un livre entièrement ainsi percé à jour (2), cependant il s'en trou-
» vait un tel en 1640 dans le cabinet d'Albert-Henry prince de Ligne,
» et comme c'est probablement le seul et unique volume d'une si
» singulière fabrique, j'en donnerai d'autant plus volontiers la des-
» cription, qu'elle contient quelques particularités assez curieuses
» et qu'elle ne se trouve que dans un livre assez peu commun : la
» voici telle qu'on peut l'y voir.

» Liber passionis D. N. J. C. cum figuris et characteribus ex nulla
» materia compositis.

» Ce livre en vélin est fait à la pointe du canivet, en sorte que les
» figures et les caractères en sont percés à jour. L'empereur Ro-
» dolphe l'ayant veu fit savoir si feu le prince de Ligne l'en vouloit
» faire quitte, lui en offrant unze mille escus d'or. Aussy, une per-
» sonne voyant la bibliothèque du Vatican, ceux qui luy faisoient

(1) Le livre dont parle Sanderus, celui que j'ai découvert et un troisième qui se trouve à la bibliothèque de Rouen, paraissent être les seuls pour lesquels on ait accompli absolument l'ensemble des opérations que je viens d'indiquer. Mais il en est quelques autres, où partie seulement de ces difficultés a été entreprise et résolue. Ces livres, fort rares eux-mêmes, sont loin d'avoir la valeur artistique des premiers. Nous en parlerons dans le cours de cette étude.

(2) Prosper Marchand, *Hist. de l'Imprimerie*, t. Ier, p. 9.

« venir, advouèrent qu'il n'... avoit chose à l'esgal du livre qu'ils
» avoient veu entre mains du prince de Ligne. Je sçai ce que dessus
» par tradition (1). »

Le canivet était sans doute la *pointe* des anciens graveurs sur bois.
Cet instrument différait sensiblement, surtout quant à la manière
dont il était manié, de celui qui est en usage de nos jours. Jusqu'au
commencement de ce siècle, le bois fut employé de *droit fil* et non
debout. Tenue comme un crayon, une plume, la pointe était ramenée
par la flexion des doigts de haut en bas et non pas poussée par la
paume de la main et le bras tout entier, comme on le fait à présent.

Lambinet complète en ces termes la description de Sanderus :

« Je priai Legros, secrétaire du prince de Ligne, de me montrer
» ce livre singulier. J'ai bien examiné ce chef-d'œuvre d'industrie
» et de patience ; en voici la description, l'histoire et le mot de
» l'énigme :

» Ce livret in-12 contient vingt-quatre feuillets y compris neuf
» estampes. Le vélin est de la plus grande blancheur et du plus
» beau poli. Le premier feuillet qui sert de frontispice représente
» des H couronnés entremêlés de roses. Le second qui est aussi
» une vignette représente les armes du roi d'Angleterre, avec sa
» devise : *Hony soit qui mal y pense*. La date de cet ouvrage est
» déterminée par quelques Anglais, entre autres par H.-C. Englefield,
» en 1771, en voyant les armes d'Angleterre et surtout la figure de
» la Rose et des deux Herses, qui était la devise ou plutôt le mo-
» nogramme de Henry VII. Ce prince est parvenu au trône d'An-
» gleterre en 1485 et il est mort en 1509. On présume que cette
» gravure a été faite entre ces deux époques et même qu'elle a
» [appartenu] à ce monarque ; la date du fidéicommis qu'on lira
» plus loin (2) appuie cette présomption. Au troisième feuillet

(1) « Sanderus, loc. cit.

(2) « La comtesse Ysabeau d'Hoschtrate et Culembourg
» Tint ce chef-d'œuvre ancien entre son héritage :
» Depuis, sa chère nièce, Anne de Rennenbourg,
» Succédant à ces biens, eut ce livre en partage.

» Sa fille de Lalaing, Marie, l'hérita,
» De qui ses quatre sœurs après le possédèrent,
» Dont ma mère eut un quart qu'elle me transporta :
» Les trois en ma faveur leur part me délaissèrent.

» Or, maintenant j'ordonne et commande à mon fils
» De le guarder soigneux, comme une œuvre très-digne,
» Et qu'à mes successeurs toujours de père en fils,
» Ce livre soit au chef de ma maison de Ligne.

　　　　　　　» LAMORAL, prince DE LIGNE, 1600.

» commence *Passio D. N. J. C. secundum Johannem*. Le texte entier
» de la Passion en latin occupe quinze feuillets, sept autres repré-
» sentent les principaux mystères de la Passion et sont placés à côté
» du texte qui les cite. Les vingt-quatre feuillets de ce livre sont du
» plus beau vélin comme nous l'avons dit ci-dessus. Sur chacun
» d'eux on a découpé avec la pointe d'un canif ou d'un instrument
» fort tranchant toutes les lettres et tous les traits des figures qui
» préalablement y avaient été dessinées Par cette opération,
» chaque feuillet est percé à jour et ne présente que différentes
» espèces de vides. Entre chaque feuillet on a interposé une feuille
» volante de papier bleu qui fait voir les figures et les lettres aussi
» distinctement que si elles y étaient gravées ou imprimées. Tel est
» le mot de l'énigme, *cum figuris*, etc.

» Le grand mérite de cet ouvrage, que l'on range dans la classe
» des *difficiles nugæ*, consiste dans la composition et l'ordonnance
» des neuf tableaux, dans la correction du dessin et l'expression des
» figures. Les lettres rondes dont le texte de la Passion est com-
» posé sont d'une forme, d'une netteté parfaite, leur découpure et
» celle des traits des figures sont d'un délié, d'un fini, d'une préci-
» sion dont on voit peu d'exemples (1). »

Le fidéicommis recommandé par Lamblnet nous apprend sans
doute comment ce livre a passé, à une époque déjà fort ancienne,
dans la maison de Ligne, mais il élucide bien vaguement les ques-
tions bibliographiques si sommairement résolues par H.-C. Englefield.

De 1485 à 1509, la typographie anglaise ne peut revendiquer qu'un
nom célèbre, celui de l'infatigable Caxton qui imprime ses traductions et ses romans de chevalerie en caractères gothiques empruntés
à l'Allemagne. Toutes les imprimeries de l'autre coté du détroit sont
entre les mains des étrangers. Wynkyn de Worde, Guillaume de
Malines, dont les noms trahissent une origine continentale, ne font
qu'améliorer les premiers types sans changer leur nature. Richard
Pynson, Julien Notary, Guillaume Faque, tous les trois français, em-
ploient exclusivement le caractère gothique. Pour concevoir un
artiste anglais capable d'exécuter ce livre, il faudrait admettre l'existence d'un graveur contemporain de ces typographes, qui, s'inspirant
à je ne sais quelle source plus épurée que la leur, rejetterait l'emploi

1) Lamblnet, *Origines de l'imprimerie*. t. II, p. 242 et suiv.

du gothique dont on faisait un journalier usage autour de lui, pour adopter la *ronde* ou *romaine*, car Lambinet vient de dire que le texte du livre de la Passion est composé de *lettres rondes*. On ne peut pas non plus l'attribuer à l'Italie, puisque Sanderus nous apprend que dans la bibliothèque du Vatican *il n'y avoit chose à l'esgal de ce travail*. Aussi sommes-nous tenté de répudier pour ce *c ef-d'œuvre ancien* l'idée d'une provenance anglaise, d'en reporter l'exécution à quelques années plus tard et de l'attribuer à un autre pays, où la réforme des caractères et du style ornemental va faire un pas décisif. Nous voulons parler de la France, dont les artistes auront alors la gloire de graver pour l'Angleterre, la Hollande, l'Italie même, beaucoup de caractères nouveaux, de vignettes, de cartouches, de grands sujets. Car les deux livres de la Passion et des Psaumes nous semblent avoir été composés dans des conditions d'analogie trop grandes, pour qu'il n'y ait pas entre eux une parenté très-rapprochée. Des circonstances, indépendantes de notre volonté, nous ont empêché de comparer ces deux ouvrages. Ce qui aurait été sans doute une certitude, n'est encore qu'une présomption.

§ III.

Le livre des Psaumes comporte :

<pre>
        En hauteur, avec sa reliure,   0,170.
        En largeur,   —   0,120.
        Hauteur du texte, avec le cadre, 0,112.
                        sans le cadre,   0,098.
        Largeur du texte avec le cadre,   0,070.
                        sans le cadre,   0,050.
</pre>

La couverture en veau noir est appliquée sur deux tablettes de chêne. Des filets noir et or, limités aux angles par des palmettes d'or, s'entrecroisent sous différents angles, en décrivant des compartiments lozangiques et entrelacés, d'un grand style et d'un goût sévère. Huit fleurons d'or sont poussés dans les intervalles des nerfs et de leurs annexes. Ces palmettes et ces fleurons sont identiques à ceux dont Jean de Sançay d'abord, puis Geoffroy Tory, et plus tard Claude Chapuys, faisaient usage pour la *librairie* de François Ier.

Ce livre, *antiqué* sur tranche, contient vingt-six peaux d'un vélin précieusement choisi : deux d'entre-elles servent de gardes et n'ont point été découpées ; une troisième qui ne l'est pas non plus a été placée à la fin du volume avec une intention vraisemblablement héraldique. Les vingt-trois autres fol. sont entièrement découpés. Ils renferment deux frontispices, et sept estampes représentant les principales scènes de la vie du roi-prophète : Bethsabée au bain ; — David congédiant Urie ; — la mort d'Urie ; — David au désert ; — Sacrifice de David ; — David recevant la veuve de Thecua ; — Exaltation de David. Le texte, comme dans les ouvrages illustrés de nos jours, occupe tantôt la page entière, tantôt il encadre la gravure.

Quinze feuillets d'un léger carton colorié sur lequel sont fréquemment, au recto ou au verso, collés des lés de satin écarlate, ont été reliés en même temps que les peaux de vélin. Ce sont les analogues de ces feuilles volantes de papier bleu qui, lorsque le livre de la Passion est ouvert, *font voir les figures et les lettres aussi distinctement que si elles y étoient gravées ou imprimées.* Enfin, dix feuilles d'un papier très-résistant ont été, à l'époque de la reliure, intercalées entre les peaux de vélin, et servent à prévenir les déchirures qu'eût occasionné le contact des découpages. Une particularité dont il faut tenir compte, c'est que la coloration des cartons varie souvent du recto au verso, et qu'un raisonnement mystérieux, plutôt qu'un ordre accidentel, paraît avoir présidé à la diversité de ces couleurs. On est disposé à croire que la place de chacune d'elles a été tâtonnée, discutée, choisie (1).

L'ensemble des illustrations reflète un style encore naïf et spontané, où l'archaïsme gaulois se défend avec une certaine audace contre le style italien à la perfection duquel ses artistes vont épurer leurs imaginations. La pléiade lumineuse qui se nommait Léonard de Vinci, Michel-Ange, Raphaël, brillait d'un éclat souverain lorsque notre Français burinait ses vingt-trois folios de vélin, et, quoiqu'il s'inspire de la manière italienne, il n'en obéit pas moins à cette influence

(1) Voir à l'appui du rôle symbolique que joue le choix des couleurs au XVIe siècle : Rabelais, *Gargantua*, ch. X. *De ce qui est signifié par les couleurs blanc et bleu*

de terroir qui lui fait interpréter la nature d'une façon parfois vulgaire
et réaliste. On comprend que ses yeux ont été dès l'enfance habitués
aux contours monstrueux des bas-reliefs des cathédrales et aux
miniatures grotesques et maladroites des missels, et son style
s'en ressent à son insu. Cependant la vie, la passion, le drame se
lisent avec décision sur toutes les figures. Une habile combinaison
de lignes, de lacunes, de hachures déchiquetées sous différents
angles, lui a permis d'accentuer les poses, de détacher les muscles,
d'obtenir des effets d'ombre, de lumière, de second plan, qu'on
croirait refusés à l'indigence des moyens employés. Les vêtements
crevetés à l'espagnole, selon la mode adoptée au XVI° siècle, par
les cours polies de l'Europe occidentale, sont drapés et exécutés
avec une *maëstria* pleine de grandeur. Les figures sont de trois
quart, de profil, de face ; les raccourcis vigoureusement accusés,
et, malgré des difficultés inouïes, la perspective est indiquée.

Toutes ces peaux de vélin ont été enguirlandées d'arabesques
exécutées avec une habile et harmonieuse patience. Chaque cadre de
vignettes offre un motif différent. A peine retrouve-t-on çà et là
quelques rinceaux qui peuvent se rapporter au même type : l'artiste
crée toujours et ne se copie jamais. Les craintes et l'espoir du
Psalmiste semblent rejaillir tour à tour sur ces décorations mystiques
qui accompagnent, comme des orchestrations muettes, la mé-
lopée du chant hébraïque. Avec les terreurs, les remords, la pénitence : des ornements simples, monacaux, des entrelacs douloureux
où viennent se noyer les fleurs sans parfum des forêts et des rivières,
lierre et nénuphar. Avec l'espérance, la gloire, l'amour : des fleurs
odorantes, roses et jasmins, des oiseaux babillards, des fauves éro-
tiques qui se jouent, au milieu des volutes chantournées du vélin,
en formant des méandres pleins de goût et de fraîcheur.

Les capitales qui commencent chaque psaume sont d'une recherche,
d'une richesse, d'un fini qui n'ont jamais été dépassés. Des proportions pleines d'harmonie ont réglé leurs formes : elles n'étaient plus
burlesquement au hasard des panses énormes, aux ornements er-
rants et contournés sans symétrie, et qui n'ont de valeur que la
richesse étonnante de leur fabrication ou de leur dorure : en un
mot, elles ne ressemblent point à ces *cadeaulx*, *lettres tourneures* et
de *forme* que l'on rencontre dans les livres et les manuscrits de

l'époque. Le texte est composé d'italiques parfaitement lisibles et distinctes, qui n'offrent cependant pas la perfection des lettres capitales. On peut croire que le graveur s'en est remis pour la portion de ce travail à quelqu'élève, comme Raphaël et Rubens à Jules Romain et Van-Dyck, pour certains détails de leurs tableaux.

§ IV.

Ce travail si singulier n'aurait-il eu pour visée qu'une illustration stérile et magnifique des Psaumes pénitenciaux ? Serait-ce l'imagination solitaire d'un génie plein d'audace qui se plaît, en parcourant une voie nouvelle, à accumuler et à vaincre, comme à plaisir, des difficultés qui tiennent du prodige ; ou bien, en dehors de ce but artistique, ne pourrait-on pas, à tant d'élégances, de délicatesses, de recherches, supposer une intention, assigner un but d'un ordre supérieur ? Voilà ce qu'on est peut-être en droit de se demander, lorsqu'on se reporte au temps de l'exécution de cet ouvrage.

A l'époque de la Renaissance, où les conditions de l'existence politique et religieuse des peuples étaient violemment discutées, les abstractions mystiques de la philosophie et de la religion, les dissertations quintessenciées de libres penseurs et des théologiens se réflétaient sur les manifestations d'une civilisation à la fois sensuelle et dogmatique. Chacun allait puiser ses inspirations dans la *Bible* et prétendait trouver dans le livre par excellence, les consécrations des plus singulières rêveries. La poésie, les beaux-arts, s'étaient laissés, eux aussi, prendre dans les lourds filets de cette scolastique intéressée, et les exercices hyperboliques de tous ces déclamateurs avaient fait irruption dans les masses sous le couvert de l'imprimerie. A leur tour, les calculs cabalistiques de l'astrologie judiciaire étaient venus porter un nouveau trouble dans les intelligences enfiévrées. Si les anciens avaient cru trouver dans les vers d'Homère ou de Virgile les indices certains des événements à venir, pendant le moyen-âge une vertu fatidique avait été attribuée à l'Évangile et au Psautier ; la liberté se laissait volontairement enchaîner par le hasard d'une

lecture ; et les *sortes sanctorum* incessamment provoqués entrete-
naient l'espoir ou la terreur. Le XVIe siècle, dans son ardeur à son-
der toutes choses, avait encore exagéré les dangers de cette voie
obscure et sans raison (1).

Aussi croyons-nous voir, sous ce prétendu drame hébraïque, se
dessiner un drame français plein de réticences, d'ingéniosités,
d'allégories, de *devises* accommodées au goût du jour. David, c'est
François Ier ; Bethsabée, la dame de Châteaubriant ; Absalom, le
connétable de Bourbon ; la femme sage de Thecua qui vient implorer
la miséricorde de David pour un fils rebelle, Marguerite d'Angoulême
qui demande la grâce d'un traître repentant, et, pour l'obtenir, la
docte princesse va chercher ses arguments dans la Bible. Mêmes
fautes, mêmes châtiments ; même repentir, même pardon ; même
injure, même clémence. Le roi-prophète est le prototype du roi-
gentilhomme. Marguerite qui *estoit la personne du monde qui faisoit
le mieux les devises en françois et latin et aultres langues qui fut
point* (2), nous paraît avoir mis ici son *bel esprit* au service de son
cœur. Son frère, comme l'empereur Charlemagne (3), se laissait
complaisamment comparer à David (4). Le connétable dupé par

(1) Rabelais, *Pantagruel*, liv. III. — *Comment Pantagruel remonstre à Panurge
difficile chose estre le conseil de mariage, et des sorts homériques et virgilianes.*

(2) Brantôme, *Madame Marguerite.*

(3) Chaque académicien avait pris un nom célèbre... Charlemagne alla jusqu'à la
Bible chercher celui du roi David pour danser devant l'arche qui renfermait les
débris du genre humain. — A. Houssaye, *Histoire du Quarante-unième fauteuil.*

(4) Hélas ! c'est vostre vray *David*,
Qui en vous seul ha sa fiance.
Vous vivez en luy tant qu'il vit :
Car de vous ha vraie science,
Vous regnez en sa consuence,
Vous êtes son Roy et son Dieu.

(Pensées de la royne de Navarre, estant dans sa littère, durant la maladie du roy.)
Dans l'epître qu'elle envoie par l'flotté *crer un David* au roi François, son frère,
pour ses exercices, Marguerite, s'arrêtant avec complaisance sur cette ressemblance
biblique, debute ainsi :

David oyant que par mer et par terre
Les Philistins vous veulent faire guerre,
M'a dit qu'il veut secourir par sa fronde
Le roy, qui est digne de tout le monde....
Si j'ay deffait un Lion de mes mains,
Peu je craindray Lyepards Inhumains.
J'oy deffait l'Ours, qui est cruelle beste.

Charles-Quint qui lui avait fait des promesses qu'il ne songeait pas
à tenir, paraît avoir désiré rentrer en grâce. Marguerite, veuve du

> Sans espiéu, espée ou arbaleste ;
> Moins n'en feray de ceux qui se tiendront
> En ces haults montz, quand contre moy viendront.
> Ce Goliath, géant espouventable,
> D'un tout seul coup, cela est véritable,
> Je mis à mort.....
> . . . . moins doncques n'en feray
> Du grand géant, lequel je detteray :
> « Je dis géant, tout homme qui veult estre
> Du roy François ou enemy ou maistre.

Je ne sais si David a vaincu tous ces monstres, mais François Ier a eu effective-
ment affaire au *Lion de Flandre*, aux *Lyepards* d'Angleterre, à l'*Ours* de Berne, au
Goliath impérial.

Plus loin, la reine suppose que Dieu dit à David :

> . . . . Allez
> Servir ce roy ; je sçai que vous valez .
> Prenez pour vous la fronde de la Foy,
> Recongnoissant toute vertu de moy.
> Car puisqu'en vous j'ai mise ma vertu .
> Faites que soyt le Géant abbatu.....
> Or, secourez le Roy et son Royaume
> Qui honorer fayt Cantiques et Psaumes
> Que mon Esprit par vous a composé......
> Ces mots ouys, j'eus clère congnoissance
> Qu'avecque luy vous portoit la puissance,
> Que par la foy vous donne le grand maistre
> Qui *son second David* vous a fayt naistre.
> Sa pierre print, sa fronde, et me feist part
> De son Psautier ; me disant au départ ,
> Guarde-toi bien que jamais tu ne foilles,
> Tant que le roy aura guerre ou batailles,
> Lire en pleurant incessamment ce livre....

Nous avons dit que François semble lui-même accepter cette ressemblance. Dans
l'ouvrage que nous venons de citer, *Les Marguerites de la Marguerite des Princesses,
très-illustre royne de Navarre*, Lyon, Jean de Tournes, 1547, 1548, on peut lire
« son *Epître du Roy à la diète Dame*, en luy envoyant *une saincte Catherine* pour
ses estreines, » où François dit modestement :

> Point je ne suis au bon *David* semblable
> De qui le cœur à Dieu fut agréable ;
> Je suis pécheur, et cela je confesse,
> Dont la congnoistre est ma seule adresse.
> Bien je désire avoir un tel secours,
> Dont il vainquit Lion, Géant et l'Ours....

Les épîtres dont nous venons de reproduire quelques fragments, sont datées de
1541 et 1542. Que pouvaient être ce David, cette sainte Catherine ? Quelque peinture,
quelque sculpture merveilleuses, comme ces belles capitales d'ivoire découvertes
par le regrettable M. Sauvageot, comme ce livre des Psaumes qui lui aussi a dû être
une estreine royale.

duc d'Alençon, pouvait bien songer à devenir l'intermédiaire inté-
ressé entre un frère et un cousin (1). L'allégorie, cette arme des
faibles, s'emploie quand on s'adresse à ceux qui peuvent proscrire ;
l'affabulation fait partie de la diplomatie des solliciteurs, qu'on s'appelle Absalon ou Charles, qu'on soit la veuve d'un duc d'Alençon ou
d'un bourgeois de Thecun.

L'illustration toute entière du livre des Psaumes paraît servir de
cadre à cet ordre d'idées.

§ V.

Le fol. II n'est qu'une admirable dentelle de vélin, reposant sur
un fond azur, dans laquelle sont encastrés avec une désespérante
habileté des fleurs de lys et des F sans nombre, surmontés d'une
couronne fleurdelysée et fermée. C'est le drapeau que François
faisait flotter au vent de Marignan et de Pavie.

Le fol. III représente l'antique écusson de France avec ses trois
fleurs de lys. Le collier de St.-Michel l'entoure et suspend un médaillon dans lequel l'archange, armé de toutes pièces, frappe de son épée
le dragon terrassé. Au-dessus de l'écusson, on voit une couronne
fleurdelysée et fermée que surmonte un crucifix magistralement
exécuté. Une banderolle de vélin qui entoure le corps et la croix du
Christ laisse lire sur ses festons : *Deus, Deus, meus quare me dere-
liquisti*. A gauche, un texte hébreu, fragment du Ps. 117, dont la
traduction, *Lapide que reprobaverunt ædificates fact'est in caput
æguli* (2), se trouve découpée à droite. A dextre de l'écusson, deux

(1) L'ancêtre commun de François, de Marguerite et du connétable était le roi
Louis IX. Le mariage de Charles avec sa parente, qui eut été l'incroyable bonne
fortune de la trahison, lui donnait un royaume dans la France démembrée. On ne
saurait douter, dit Génin dans sa notice sur Marguerite de Navarre, que le connétable n'ait été vivement épris de cette princesse. On sait que ce fut lui qui lui dénonça
le projet de l'empereur qui voulait la faire arrêter, lorsqu'elle emportait d'Espagne
l'acte d'abdication de son frère.

(2) La pierre la quelle les edifians ont reprouvée, icelle a été faicte pour le chef
de l'angle. — Bible des docteurs de l'université de Louvain.

> La pierre, par ceux rejettée
> Qui du bastiment ont le soing,
> A esté assise et plantée
> Au principal endroit du coing.
>
> *Psaumes de la Pénitence.* Théodore de Bèze.

Cette pierre éprouvée ne serait-elle point celle que David a placée sur sa

F coiffés de la couronne fermée : au-dessous des F, un médaillon de salamandres. A senestre, répétition de ces deux emblèmes (1).

Tout le monde connaît ce symbole hermétique adopté par François Ier, et qu'accompagne souvent la devise : *Extinguo nutrior*. Pendant la vie du roi-chevalier, on le voit s'étaler au front des monuments, comme au frontispice de ce livre, dans les carrousels, comme dans les batailles. Ici, réuni aux monogrammes, à l'écu, il tient la place qu'eût occupée la marque du libraire, si nous avions affaire à un volume vulgaire. C'est un livre royal, et le bagage allégorique de Marguerite va consacrer cette dédicace auguste.

Le fol. III représente *Bethsabée au bain* : chastement impudique, elle enveloppe, tant bien que mal, sa jeune nudité de draperies indiscrètes. Deux suivantes lui présentent, dans des vases précieux, les parfums et les mets destinés à rehausser sa beauté et à réparer ses forces. Cependant le roi David, diadème au front, dalmatique fourrée d'hermine aux épaules, pourpoint creveté, l'œil émerillonné, la bouche déformée par un rictus érotique, la main, le corps anxieux, contemple ce spectacle défendu d'une galerie de son palais. A la partie centrale de l'encadrement cintré du tableau, on voit une gentille petite tête ailée — divin *Cherub* ou profane *Cupido*. — Les tympans sont remplis d'arabesques charmantes. Dans le tiers supérieur des cadres latéraux, est découpé un vase fleuronné. Au-dessous apparaissent les armes, les devises, les monogrammes de Marguerite. D'abord les fleurs de lys surchargées de couronnes ducales, puis des M entourés de même : enfin des fleurs de souci avec leurs feuilles et leurs tiges. Dans le cadre inférieur, les fleurs de lys ont disparu, restent les fleurs de souci et les M enroulés dans les volutes du vélin ; mais ces deux emblèmes ont perdu leur couronne. On sait que Marguerite avait adopté pour emblème la fleur de souci, *comme étant la fleur ayant plus d'affinité avec le soleil qu'aucune qui soit* (2).

Les cadres inférieurs et supérieurs du fol. VII laissent voir à leur centre d'élégantes cassolettes, d'où émergent des volutes ornées de

fronde ? ou bien une allégorie désignant François Ier à qui les électeurs d'Allemagne ont refusé l'empire. Le fils aîné de l'Église n'est-il pas la pierre angulaire de l'édifice chrétien?

1 Cette page a été reproduite dans le *Magasin pittoresque*, d'après un bois de notre ami J. Gagniet.

2 Brantôme, *Madame Marguerite*.

fleurs et d'ailes d'oiseaux. Les cadres latéraux comportent des M au centre d'un orbe suspendu ô des guirlandes campanulées.

Au fol. XIII commence le *Miserere*. L'M initiale est une belle capitale surmontée d'une couronne fleurdelysée. Les cadres latéraux sont pleins de fleurs de lys sans couronnes et de fleurs de souci couronnées.

Les illustrations et le texte des fol. III et XIII se détachent sur fond écarlate : cette nuance était, selon Sainte-Palaye, *réservée aux princes et aux chevaliers, à cause de son éclat et de son excellence.*

Nous allons avoir affaire à présent à des emblèmes qui ne peuvent être attribués qu'à une veuve : la cordelière inféconde aux entrelacs ascétiques qui emprisonnent des M rivés et cloués au vélin, fol. XI, et les vignettes du fol. XIV qui ne sont composées que de nœuds de cordelière unis au nénuphar lugubre et sans parfum.

Cette ornementation nous aide singulièrement à préciser la date de ce travail. Marguerite a été veuve de 1525 à 1527, et, dans cet intervalle, Charles fesait demander sa main pour le connétable de Bourbon.

Le fol. XX représente la *clémence de David*. C'est l'illustration de ce passage biblique :

« 1. Et Joab, fils de Servias, entendant que le cœur du roi estoit » tourné envers Absalom, il envoya en Thecua.

» 2. Et amena d'illec une femme sage et luy dit : Foy semblant » de plorer et te vests d'un vestement de deuil, et ne sois point » oincte d'huile, afin que tu sois comme la femme qui de longtemps » lamente celuy qui est mort.

» 3. Et entreras vers le Roy et luy diras telles manières de paroles. » Et Joab mit les paroles en la bouche d'icelle.

» 4. Et quand la femme Thecuite fut entrée vers le roy, elle cheut » devant luy sur la terre, et adora et dit : O roy, garde-moy.

» 5. Et le roy luy dit : quelle cause as-tu ? Laquelle répondit : » Las ! je suis une pauvre vesve...

» 6. Et la servante avoit deux fils, lesquels ont pris noise l'un » contre l'autre.... et l'un a frappé l'autre et l'a occis.

» 7. Et voici toute la cognation s'eslevant à l'encontre de ta ser- » vante.... demande d'esteindre mon étincelle qui m'est demeurée, » afin qu'il ne demeure point de nom à mon mary...

« 11. .... Que le Roy ait souvenance du Seigneur son Dieu, que
» les prochains du sang ne soient pas multipliés pour se venger, et
» qu'ils ne mettent point à mort mon fils. Lequel (David) dit : Le
» Seigneur vit, que l'un des cheveux de ton fils ne cherra point sur
» la terre...

« 13. Et la femme dit : Pourquoi as-tu pensé telle chose contre le
» peuple de Dieu, et a le Roy parlé telle parole pour faire péché, et
» ne faict point retourner celuy qui est deietté de luy ?

« 14. Nous mourons tous, et nous escoulons en terre comme
» les eaues qui ne retournent point. Aussy, Dieu ne veut pas que
» l'âme soit perduë : mais pense et repense a fin que celui qui est
» deietté, ne soyt du tout perdu.

« 15. Maintenant donc je suis venuë, afin que je die ceste parole au
» seigneur mon Roy... et ta servante a dict...

« 19. Et le Roy dit : La main de Joab n'est-elle pas avec toy en
» toutes ces choses-cy ? La femme respondit :... Ton serviteur Joab
» mesme m'a commandé, et a mis luy-mesme en la bouche de ta
» servante toutes ces paroles-cy.

« 21. Et le Roy dit à Joab : ... Va donc, et rappelle l'enfant
» Absalom (1). »

Dans cette estampe, David est assis sur un trône. Les emblèmes de
la toute-puissance, la couronne et la verge de justice, sont sur sa
tête et à sa main, et la dalmatique de pourpre ondoie sur ses
épaules. A ses genoux est précipitée une suppliante. Auprès
d'elle se tient un personnage drapé dans un grand manteau sans
broderies. Le chaperon dans les mains, le corps penché, la physionomie pleine d'inquiétudes, il semble suivre avec émoi toutes les phases
de l'entrevue. Le second plan est occupé par un hallebardier assez
maladroitement équilibré sur des jambes cagneuses, qui supportent
un buste déformé, — un vrai Triboulet de cour. — A ses côtés, un
jeune page, le toquet empanaché sur l'oreille, s'accoude plein de
nonchaloir — à la Raphaël — sur les balustres du lit de parade ; sa
pose gracieuse, son riche costume, son gentil visage s'éclairent de la
laideur caricaturale et de l'accoutrement grotesque de son malen-
contreux compagnon. Dans le cadre supérieur, des colombes se
bequettent en battant des ailes. Les cadres latéraux sont pleins de

1. Des Rois, liv. II, ch. XIV.

guirlandes de jasmin noyées dans des volutes flosculeuses. Le cadre intérieur est tout constellé de guipures et de lambrequins.

Dans les autres gravures, notre tailleur de vélin a paru se préoccuper d'une couleur locale relative. Bethsabée est une châtelaine aux cheveux recouverts d'ornements riches, il est vrai, mais qui ne déssent pas de la compagne d'un des *barons de David*. Joab, général en chef et confident royal, n'est plus ici qu'un subalterne, un suppliant ordinaire ; mais la veuve de Thecua qui, *couverte d'un vêtement de deuil, ne s'est point ointe d'huile… comme la femme qui depuis longtemps lamente celuy qui est mort*, est vêtue en duchesse. Sa figure est pleine de grâce et de dignité, une robe bouffante et crevetée dessine ses formes harmonieuses ; une couronne héraldique ajoute encore à la beauté sereine de son visage ; on soupçonne dans l'air les pénétrantes senteurs des parfums italiens. Enfin, la cordelière de sa ceinture n'attend qu'un mot de pardon pour se dénouer. Car, obéissant à un élan passionné, la veuve de Thecua a emprunté les traits de Marguerite pour venir demander grâce, et peut-être plus encore, pour un coupable (1). Le souvenir du fugitif de Pavie ne pouvait laisser longtemps des larmes dans les yeux de celle qui ne pouvait pardonner à un mari d'avoir fait perdre à un frère tout… *fors l'honneur*. Si l'on se reporte à la magnifique collection de portraits publiée par M. Niel, on y verra une Marguerite de Navarre presqu'identique à celle-ci. C'est la même sérénité de regards, le même front bombé et poli, la bouche souriant avec tristesse et bonté, et, dans la désinvolture de la pose, la morbidezze d'un cœur blessé.

Cette énigme amoureuse se complète au fol. IX qui représente la *Mort d'Urie*. Joab a fait combattre le capitaine à *la pointe de la bataille*, où se trouvaient *les hommes forts de Rabba*. Le héros assiégé va mourir. L'action est vivement engagée. Les épées frappent, les piques s'abaissent, les boucliers se heurtent. Toutes ces figures enivrées de carnage ont un entrain, une expression, une vivacité extraordinaires. La colère, la rage, les blessures, la mort, — toutes les passions, toutes les souffrances, — sont rendues d'une manière fière, savante et naïve à la fois. Les vignettes, par leur élégance, font un

(1) Il n'est pas rare dans les manuscrits offerts en présent de rencontrer, parmi les miniatures, les portraits de l'auteur du livre et du Mécène qui l'avait commandé. Nous aurions donc ici les portraits de Marguerite, la veuve de Thecua, et celui du graveur nous serait révélé par le personnage drapé qui accompagne la suppliante.

contraste suprême avec sa sanglante épopée. Jamais notre tailleur
de vélin n'a été si prodigue, si inventif, si habile. Le cadre supérieur
et le tympan sont ornementés d'ailes d'oiseaux, accolées deux à deux
à des festons délicatement ouvrés. Dans les cadres latéraux, au
milieu d'arabesques lancéolées, cet ornement se trouve encore
répété, et enveloppe, dans le cadre inférieur, un limier poursuivant
un cerf.

§ VI.

Ce cerf poursuivi, ces ailes d'oiseau que nous avons déjà signalées,
et que nous verrons encore apparaître dans d'autres vignettes, ont-
elles comme les salamandres, les fleurs de souci, la cordelière, une
signification emblématique ?

« Or, auprès du tombeau de M. de Bourbon, y avoit pendu un
» grand estandard général de taffetas jaune, tout semé en brode-
» ries, au-dedans d'un jaune noir et blanc, mais le champ estoit
» jaune. La broderie estoit de cerfs-volants et force espées nues
» flambantes, avec ces mots escrits en plusieurs endroicts : Espé-
» rance, Espérance. Par ce cerf-volant, encore que longtemps avant
» il l'avoit pour devise... il vouloit signifier que pour sortir de France
» et pour sauver sa vie, il luy avoit convenu... d'aller vite et de
» s'armer non-seulement de pieds de cerfs, ains d'aisles (1). »

Les armes des Valois viennent s'estomper sur les fonds bleus de
ce livre. Les fonds dorés reflètreraient-ils le *champ jaune de l'estandard de M. de Bourbon* ? Mais si les devises de François et de sa
sœur sont complètes, celles du traître féodal ne le sont pas. L'épée
de connétable a été brisée à la sacrilège victoire de Pavie. Ce cerf
blasonné qui brame Espérance! Espérance! n'est plus qu'une bête
fauve qui va être atteinte et déchirée, parce qu'elle a perdu ses ailes,
qui se cachent et se confondent dans les vignettes avec les tristesses
de Marguerite.

§ VII.

Marguerite d'Angoulême, duchesse d'Alençon et de Berry, com-

(1) Brantôme. M. de Bourbon.

tesse d'Armagnac et de Perche, que le roi François appelait sa *mignonne*, est l'une des plus radieuses et des plus sympathiques figures historiques de notre pays. Sa petite cour d'Alençon, et plus tard celle de Nérac ou de Pau, était le refuge de tous les arts, de toutes les sciences, de tous les persécutés. Noblement familière avec les grands esprits dont le sien égalait l'étendue, soupçonnée d'hérésie pour la liberté de ses sentiments religieux, elle se réfugiait dans l'étude et la méditation pour oublier les outrages des théologiens de la Sorbonne, et les chagrins de deux unions mal assorties. Louis XII l'avait une première fois mariée dans un intérêt de famille. Plus tard, le roi-chevalier devait faire de sa main un appoint aux combinaisons de sa politique. Offerte à Henry VIII, demandée par Charles-Quint pour le connétable d'abord, ensuite pour lui-même, Marguerite dut bientôt contracter une alliance imposée. Durant sa captivité, François avait eu pour compagnon l'héritier de ces comtes de Foix, tant renommés par leurs exploits cynégétiques, Henry d'Albret, roi de la Navarre française, gentilhomme de lance et d'épée, veneur passionné comme ses aïeux, et plus occupé de ses plaisirs campagnards que du soin de reconquérir la Navarre espagnole, dont sa maison venait de se laisser déposséder. François lui donna sa sœur, espérant suspendre, grâce à l'union des trente-deux ans de Marguerite aux vingt-un ans de Henry, une menace de plus sur la tête de Charles-Quint. Mais en même temps il unissait la grâce toute intellectuelle à la nature inculte, l'élégance à la rusticité. Ce mariage fut un long martyre pour la pauvre reine ; ses yeux pleuraient autant que ceux des pauvres femmes. Le roi de Navarre, à l'instigation du roi très-chrétien, venait de temps à autre, comme un Cassandre comique, effaroucher ses distractions spirituelles et poétiques ; car Marguerite, ardente à l'étude, friande de toutes les nouveautés, se complaisait à s'entourer de serviteurs érudits, indiscrets, et dont l'orthodoxie pouvait être justement soupçonnée. Puis cette sœur que François faisait pleurer comme épouse, il ne craignait pas de la faire pleurer comme mère. De ce triste mariage était née une fille, Jeanne d'Albret, qui devait être la mère glorieuse de Henri IV. La reine l'aimait de cette violence extatique qu'elle rapportait à toutes ses affections. Jeanne, toute jeune encore, fut enlevée à Marguerite, confinée comme un otage à Plessis-lez-Tours, pour y être élevée à la *Louis XI*. François Iᵉʳ immolait l'enfance de sa nièce, comme la jeunesse de sa sœur, aux exigences versatiles de sa diplomatie.

C'était pourtant pour ce *gros garçon* (1) que Marguerite volait en Espagne affronter les périls et la captivité. C'était pour célébrer ses éclatantes amours qu'elle inventait ces devises ingénieuses que le roi fesait buriner dans l'or et l'argent par ses artistes italiens, et que, dissipateur économe, il redemandait à ses maîtresses, lorsque le caprice était passé. Avec le caractère ardent, sérieux, lettré, pédant même de Marguerite, on ne saurait, pour ce livre, imaginer trop de métaphores, d'allégories, de subtilités, d'emblèmes. On comprend l'incarnation de François Iᵉʳ en David. On comprend ces M cloués aux arabesques lugubres de vélin, ces calices d'amertume, ces nœuds désolés de la cordelière. La sœur déplore la captivité du frère, la femme sa viduité. Mais le roi est-il délivré, la honte de la défaite est-elle amoindrie par un traité que l'on éludera, un rêve de bonheur se fait-il entrevoir à la veuve, ce ne sont plus que gracieux emblèmes, fleurs éclatantes et embaumées, colombes messagères d'amour et de pardon. Le deuil des vêtements disparaît comme le deuil du cœur. Sous cette sainte comédie biblique, c'est la parente qui demande le pardon du parent, *parce que les prochains du sang ne sont pas multipliés pour se venger*. C'est l'amante qui supplie pour un coupable repentant, vers qui son cœur prend irrésistiblement sa volée, en dépit de la raison d'État, des jalousies surannées d'une mère, et qui attend que le roi lui dise : *Va donc et rappelle l'enfant Absalom*.

Au fol. XXII, Marguerite fait un appel plus énergique encore à François Iᵉʳ. Elle s'adresse à sa justice et en quelque sorte à son salut éternel. Sur le trône biblique (2) est assis un potentat diadémé. Sa main gauche tient la verge de justice, sa droite est appuyée sur

(1) Ce *gros garçon* partera tout. *Mot de Louis XII.*

(2) V. 18. Aussy le Roy Salomon fit un grand Throsne d'yvoire, et le couvrit d'or fort reluisant :

19. Lequel avait six degrés. Et le haut du Throsne estoit rond en la partie de derrière, et deux appuys d'un costé et d'autre tenant le siège, et deux lions se tenoyent sur une chacune appuye.

20. Et douze petits lions estant sur six degrez, d'un costé et d'autre. Tel ouvrage n'a pas esté faict en tous les royaumes. — Rois. Liv. III, ch. X.

Les quatorze lions bibliques ont été réduits à douze par le graveur qui a représenté le trône de David. Il a supprimé ceux qui se tiennent sur *une chacune appuye*. Pourquoi ? David n'est pas comme Salomon, le prototype de la sagesse et de la puissance hébraïques.

un livre. C'est en apparence David et son Psautier, ou Salomon et le livre des Proverbes ; mais n'est-ce pas plutôt François Ier remonté sur son trône, assez puissant pour être généreux, assez éprouvé pour être sage. Dieu lui a pardonné l'orgueil, il peut bien pardonner la trahison ; et quand il paraîtra devant son juge il lui rendra bon compte de l'accueil fait au repentir. Il est roi, mais il est homme et doit *s'écouler en terre comme les eaux qui ne remontent pas.* Les cadres latéraux des vignettes du folio XXIII interprètent son néant. Ce sont des hérons *affrontés* dans leurs nids, des épées nues, un écu avec un lion *passant,* un casque, des gants de bal, des poignards, des fleurs... puis des têtes de mort. On croirait lire dans le vélin ces beaux vers de Hugo :

> Toutes les choses de la terre
> Gloire, fortune militaire,
> Couronne éclatante des rois,
> Victoires aux ailes embrasées,
> Ambitions réalisées
> Ne se ot jamais sur nous posées
> Que comme l'oiseau sur les toits.

Le roi ne rappela pas le nouvel Absalom. Marguerite ne pouvait rien de plus. L'allégorie a des bornes qu'elle ne saurait franchir : elle doit s'entourer de voiles comme la pudeur. La triste veuve était fiancée : elle se dirigeait vers la Navarre, la mort au cœur, regardant derrière elle pour voir si son frère ne la rappellerait pas (1).

§ VIII.

Les tableaux qu'il nous reste à décrire complètent la ressemblance muette et morale de François et de David. Car, remarquons que jamais l'artiste n'a été tenté de donner au roi-prophète la physionomie historique du roi-chevalier. En général, si David est habillé comme un monarque du XVIe siècle, il a la barbe longue et les cheveux flottants des patriarches, les yeux petits et pleins de feu ; mais son nez, sans caractère, n'offre pas le développement sensi-

1. Le Roy de Navarre atteste que je partirois vendredy et seray samedy à Tarbe où je demeure le jour de la fête Noël 1526.... Mais nostre mariage n'est pas encore si certain que douze ... mes parents. — Génin. *Lettres de Marguerite de Navarre.*

blement exagéré qu'on reproche à celui de François Ier. L'allégorie perdait-elle quelque chose pour être moins manifeste ? Un sultan blasé veut deviner quelquefois, et pour faire accepter l'apologue, sans froisser de fâcheux souvenirs, les suppliants doivent envelopper leurs leçons de précautions plus grandes que leurs espérances.

Au fol. VII, Urie est aux pieds du trône. Genou en terre, rapière au flanc, il reçoit des ordres écrits. Le roi a un mouvement d'épaules rendu avec un bonheur singulier. Sa tête s'incline d'une façon toute féline, ses yeux n'osent regarder en face. La honte accompagne le désir. Urie, au contraire, reçoit la lettre funèbre avec l'ardeur d'un homme qui n'a pas voulu rentrer dans sa maison, *parce que l'arche de Dieu et Israël et Juda habitent aux pavillons*, parce que Joab et les soldats de David *demeurent sur la face de la terre* devant la forteresse de Rabba (1). L'infortuné capitaine est loin de ressembler à l'Antinoüs antique. On est tenté de comprendre d'excuser presque l'infidèle Bethsabée : trapu, vigoureusement établi sur des jambes arquées, il a l'encolure et la prestance d'un reître allemand en habit de cour. La souhveste descend vers les cuisses et est fixée à la hauteur des hanches par un ceinturon qui supporte une épée. Le graveur l'a habillé à la Louis XII, moins les manches un peu larges et quelques crevés. Le vêtement espagnol est trop du bel air pour étaler ses magnificences sur le dos d'un barbon ridicule. Au second plan, une sorte d'officier d'Estradiots, un des *chevau-cheurs* de l'armée de Joab, contemple, l'œil agrandi, le poing sur la hanche, cette scène dont il ne paraît pas comprendre la conséquence sinistre. Il est comme anéanti par le contraste de la majesté royale avec l'humble attitude de son rude commandant. Lestement vêtu, avec une élégante recherche, la musculature énergique et vigoureusement dessinée, on peut être sûr qu'il fera pénétrer au plus profond de la mêlée sa bonne épée à deux taillants, son bonnet emplumé à la Polacre et ses moustaches pendantes à la Moscovite.

La première cause de la colère divine contre David a été l'adultère et le meurtre. Si François a enlevé la dame de Châteaubriand, il s'est contenté d'exiler le mari loin de la cour, mais ne poussant point si loin la lâcheté dans ses amours, sa ressemblance avec David s'est arrêtée avant l'assassinat.

____

(1) Rois, Liv. II, ch. XI.

Dans la vie de nos deux héros, les fautes succèdent aux fautes. *Et la fureur du Seigneur de rechef se courrouce* (1) contre eux. Arrivé au faîte de la puissance, David a voulu savoir combien il avait *d'hommes forts pour tirer l'épée dans Israël*, combien de *combattants en Juda*, de lévites dans la maison de Dieu.

Avec le fol. XII nous sommes au désert : Sion apparaît dans le lointain avec ses créneaux et ses murailles. Un ange aux ailes blanches plane dans l'immensité. Sa main droite tient l'épée, sa gauche la flèche et les verges. David à genoux, l'œil contrit, les mains étendues, dirige ses regards vers le ministre des vengeances. Ce n'est plus le souverain, c'est la créature devant le créateur. Un de ces *voyants* qui accompagnaient, comme des menestrels inspirés, les monarques hébreux, s'approche du roi, appuyant son grand âge sur une crosse rustique. Sa main gauche montre le chérubin flamboyant. On lit sur une banderolle : *Trium tibi datur optio*. Famine, captivité, peste ! Voilà la triple alternative de *la fureur du Seigneur. Ego sum qui peccavi ego inique egi*, répond David. Mais le *voyant* montre toujours le chérubin et semble demander *quelle parole il doit répondre à celui qui l'a envoyé* (2). Et David dans son angoisse s'en remet à Dieu du choix du châtiment, en s'écriant, grâce à une troisième banderolle (3) : *Melius est incidam in manus Dei quam hominum*. Dans le cadre inférieur de la vignette, on distingue deux dauphins *affrontés*.

Cet ornement héraldique caractérise le ton et l'expression de cette belle page. Ce n'est pas l'orgueil de David, c'est celui de François que Dieu punit. François a vaincu les Suisses à Marignan, il règne à Paris comme à Milan, il intrigue en Allemagne, en Flandre, en Italie. Il a été, comme David, enivré par la prospérité. Il vient de créer les *légions provinciales* (4), le noyau de cette infanterie française qui passera sur le ventre des Lansquenets et des vieilles bandes espagnoles, que Bossuet nous représente s'avançant dans les champs de Rocroy comme une tour vivante. Il a fait, lui aussi, le dénom-

(1) Rois Liv. II, ch. XIII.

(2) Rois. Liv. II, ch. XXIV.

(3) Les anciens painctres feirent des tableaux es mains des Princes, puis es mains des Prophetes, semblablement des Sibylles et consequentement en plusieurs autres manieres et façons, tant qu'à la fin on en abuse en mille endroicts.
G. Tory, *Champ Fleury.*

(4) Première ordonnance réglant leur composition. 1523.

brement *des hommes forts* et des *chevaucheurs* de la France, et le victorieux du *Lion*, des *Léopards*, de l'Ours a été abattu par le *Géant*. A Pavie, il est tombé *es mains des hommes*. Et, pour acheter sa liberté d'un ennemi avare, il va engager son avenir, son espérance, ses deux enfants, François et Henry, comme l'indiquent ces deux dauphins. Ne dirait-on pas la fortune de la France, dissipée sous le souffle des *fureurs* d'un Dieu irrité. Mais François, dans la Chartreuse de Pavie, a eu le cœur fort touché de ce fragment des Psaumes. *C'est bien avec raison, Seigneur, que tu m'ayes abaissé, afin que je puisse désormais mieux connoistre et craindre ta justice* (1). David a dit de son côté : *C'est moi qui ay péché et faict injustement... Je te prie que ta main soit tournée contre moi* (2).

François s'est offert en holocauste, Charles ne va plus avoir entre ses mains qu'un prisonnier ordinaire. Le roi, dans sa prison, a couplé sa renonciation à la couronne au dévouement de sa sœur. Cette immolation a désarmé Dieu. *Les sacrifices pacifiques* ont réconcilié David avec le Très-Haut (3), qui rend par le traité de Madrid la liberté et la puissance à François Ier. Rome, Londres, Florence, Venise, les Suisses, l'Allemagne se liguent avec la France pour abattre le *Goliath* impérial. David prend sa fronde et sa pierre, pendant que Marguerite *en pleurant lit incessamment* le Psautier. Le pardon devrait accompagner le triomphe ! Mais la sœur lettrée, la femme aimante, n'avait consulté que son esprit et son cœur. Elle adressait sa supplique aux passions humaines : les passions humaines ne pardonnent pas.

(1) Brantôme, *Le Roy François Ier*.

(2) Rois, liv. II, ch. XXIV.

(3) C'est le sujet de la gravure du fol. XVI. Les flammes du sacrifice offert par David s'élèvent jusqu'au Très-Haut qui apparaît dans le Ciel au milieu d'un chœur de chérubins, sur des nuages assombris par le fond noir du tableau. — Le Roi est à genoux et son regard consolé reflète le pardon.

C'est l'interprétation imagée des versets suivants :

18. Et Gad vint à David en ce jour-là, et lui dit : Monte et ordonne pour le Seigneur un autel en l'aire d'Areuna Jébuséen.

19. Et David monta selon la parole de Gad, que le Seigneur lui avait commandé.

20. Et Areuna regardant aperçut le roi et ses serviteurs venir à soy et sortit hors, et adora le roi, le visage incliné en terre.

21. Et dit : Quelle cause y a-t-il, que mon Seigneur le Roy vient à son serviteur ? Auquel dit David, Afin que j'achète de toi l'aire, et j'édifie un autel au Seigneur, et que l'occision qui est véhémente sur le peuple cesse.

Rois, liv. II, ch. XIV.

Elle fut moins heureuse que la veuve de Theeua. Bourbon immortalisa son infamie en tombant en héros sous les murs de Rome.

Voilà ce que nous avons cru lire dans ces vingt-six pages de vélin.

§ IX.

Mais à quel tailleur d'images la docte princesse avait-elle commis l'exécution de cette monumentale allégorie?

Il y avait alors à Paris un de ces hommes prodigieux qui, pareil aux grands esprits de l'antiquité et du moyen-âge, se faisait un jeu de posséder l'universalité des connaissances humaines. A la fois dessinateur, peintre, grammairien, graveur, poète, un enfant du Berry, Geofroy Tory, de Bourges, maniait avec la même supériorité le pinceau, le crayon, le burin, la plume. Il avait fait dans sa jeunesse deux fois le voyage d'Italie pour se perfectionner dans les sciences et dans les arts, et il en rapportait ce goût de l'antique qui commençait chez nous à battre en brèche, depuis les invasions italiennes de Charles VIII, de Louis XII, de François Ier, le goût gothique, enfant du sol, et le goût byzantin importé aux croisades. Reçu libraire en 1518, il avait pris pour enseigne *le Pot cassé* qu'il devait rendre si célèbre, et continuait à éditer ses nombreuses traductions d'auteurs de l'antiquité. Repoussant l'engouement professé autour de lui pour les caractères et l'ornementation gothiques, il entreprit de les remplacer absolument par le caractère romain : proposant, au lieu des naïves et plantureuses *histoires* d'Antoine Verard, de Simon Vostre, etc., un style décoratif dont il voulait qu'on poisât les motifs dans les chefs-d'œuvre de la Grèce et de l'Italie. Joignant l'exemple au précepte, il gravait les beaux italiques de Simon de Colines, de Robert Estienne (1), et commençait cette série de miniatures, gravures sur bois, lettres capitales, estampes, vignettes, marques de toutes sortes, si remarquables par la pureté du

___

(1) Geofroy Tory, peintre et graveur, premier imprimeur royal, réformateur de l'orthographe et de la typographie, sous François Ier, par Aug. Bernard, in-8, Paris, Edwin Tross 1857. — Biographie universelle, art. Tory, M. Weiss.

dessin, l'élégance du style, et dont les imprimeurs de Paris, de France, d'Italie même, se disputaient la possession (1).

Dès 1521, il s'occupait d'un livre plein d'originalité où devaient se faire jour les aptitudes si diverses de son génie. Le *Champ-Fleury* (2), qu'il publia en 1529, consacra la révolution que ses belles éditions avaient déjà inaugurée dans la typographie. Ce livre est intéressant à plus d'un titre : c'est l'œuvre d'un graveur enthousiaste de l'art antique, et d'un philologue qui préconise la *préexcellence* de notre langue, avec une vivacité qui fut bientôt partagée par une société qui ne connaissait point encore Rabelais et Des Perriers, mais se pâmait d'aise devant un texte latin, grec ou hébreu. Au milieu de problèmes ardus de linguistique, résolus avec une certaine ampleur, on est tout étonné de voir le maître, obéissant à je ne sais quelle préoccupation dogmatique, s'efforcer de découvrir dans la forme des lettres romaines une sorte de microcosme qui doit refléter l'harmonie, les proportions, les attitudes du corps et du visage humain.

Cette chère chimère y est poursuivie à l'aide d'arguments empruntés à une érudition prodigieuse, et de belles figures allégoriques cherchent à l'expliquer. Au frontispice, sont les armes de France, sous la protection de laquelle Tory se place ; plus loin apparaît l'*Hercule gaulois*, qui conduit l'humanité non pas par la force de sa massue, mais par le charme de son éloquence ; *le tisphanbe* à l'adresse des Valois ; le triomphe *d'Apollon et des Muses, pour moustrer que ceux qui ont la cognoissance des bonnes lettres ont le superintendit sur les ignorants* ; le *Pot cassé* arrivé à sa perfection ; des devises, *mente bona dens occurrit, Omnis tandem marrescit flos*, etc., et enfin des dessins curieux et énigmatiques représentant les lettres Y et Z.

Après avoir donné les dessins des lettres Romaines, Hébraïques, Grecques, Latines, Cadeaulx, de Forme, Bastardes, Tourneures,

1. La marque de Marc Vitray, libraire, demourant au dict Yssouldun prez Sainct Sire, et qui fit imprimer, vers 1521, le *Stile et Coustumer de le Court et Siege d'Issouldun*, est signée de la croix de Tory. Nous ignorons si ce rébus gravé a été décrit.

2. *Champ-Fleury, auquel est contenu l'art et Science de la deue et vraye Proportion des Lettres Attiques, qu'on dit autrement Lettres Antiques, et vulgairement Lettres Romaines, proportionnées selon le Corps et Visage humain.* Ce livre est privilégie pour Dix Ans par le Roy nostre Sire, et est à vendre à Paris sur le Petit Pont, à l'enseigne du Pot Cassé, par Maistre Geofroy Tory, de Bourges, Libraire et Autheur du dict livre. Et par Gilles Gourmont, aussy Libraire, demourant en la rue Sainct Jaques, à l'enseigne des Trois Couronnes.

Persiennes, Arabiques, Aphricaines, Turques, Tartariennes, Chal-
daïques, Gottes, autrement dictes Impériales et Bullatiques, Phantas-
tiques, Utopiques, et Voluntaires ; *en faisant fin à son total œuvre,
Tory offre au lecteur, avec toutes les susdictes diverses sortes de lettres,
des lettres qui sont fleuries, c'est-à-dire environnées de Fleurs et
Feuilles antiques, pour en user à faire lettres d'or ou de couleurs
en beaux livres tant escripts à la main que faicts en impression* (1).

Toutes ces réformes, Tory les accomplissait résolument dans ses
publications. Gratifié d'un privilége royal, il faisait paraître de nombreuses éditions d'Heures à l'usage de Paris et de Rome — magistralement imprimées, ornées de cadres, de gravures superbes, et
dans lesquelles, pour prouver sa reconnaissance au roi, aux reines,
aux dauphins, à Marguerite, à Henry de Navarre. il intercalait leurs
armes, leurs monogrammes, leurs devises, leurs portraits.

Ce style spécial, ces emblêmes princiers, nous en avons signalé
l'existence dans le livre des Psaumes ; les lettres capitales dessinées
dans le *Champ-Fleury* s'y retrouvent avec leurs proportions, leurs
fleurs et feuilles antiques. Un certain nombre d'ornements, un chérubin ailé par exemple (que nous avons indiqué au fol. III) se
rencontre encore dans les ouvrages du maître. Enfin, dans le cadre
de l'estampe de *Bethsabée au bain*, nous avons cru reconnaître la
marque de Tory, *le Pot cassé*.

La forme de cette devise artistique et commerciale a varié plusieurs
fois avant que d'être la traduction symbolique d'une allégorie très-
complexe, où Tory, comme il nous l'apprend lui-même, a *spéculé*
un sens moral. La première forme, celle de 1518, représente un
vase antique, simple, élégant sans prétention, à peine ébréché et
fleuronné. Les cratères de 1524 et 1527 sont plus compliqués, leur
forme est moins svelte, presque ventrue, les anses sont plus fleuries
et leur double cassure est transpercée par l'outil du graveur, le toret
ou touret. Leur pied est enchaîné sur un livre par des compositions
emblématiques. Le vase du livre des Psaumes est comme un intermédiaire entre ces trois formes et celle de 1529 que le maître adopta
définitivement. Sa brèche, unique encore, est brodée d'arabesques
qui ont pour motif des ailes d'oiseaux ; ses flancs, aux contours ar-
rondis comme ceux des amphores étrusques. offrent une décoration

1. *Champ-Fleury* — Poésie

semblable, ses anses et son pied comportent d'harmonieux festons. Il paraît être maintenu en équilibre par un ornement qui deviendra plus tard un livre, et s'il n'a pas le foret, une feuille lancéolée qui s'élance de son orifice symbolise la bouterolle dont est armé cet outil.

La marque de Tory avait bien le droit de se rencontrer dans ce livre. Elle ne devait pas cependant s'étaler bruyamment au frontispice, comme enseigne d'un ouvrage vénal, mais être modestement dissimulée quelque part comme consécration furtive du génie. Marguerite, au contraire, met incessamment en vedette sa devise, ses armes, son monogramme, sa cordelière, son portrait, elle y règne despotiquement en souveraine, c'est l'inspiratrice de tout ce précieux travail, dont le créateur ne se considère que comme le manœuvre de la pensée d'autrui.

§ X.

Aussi, à quelles mains plus habiles, plus intelligentes, plus dévouées, Marguerite pouvait-elle confier l'exécution de ces rêveries bibliques explicatives de son amour? Aurait-elle choisi Perréal, Clouet, Lecuyer, peintres de cette période artistique. Supposera-t-on que l'un d'eux ait dessiné les grands sujets, les vignettes et le reste, et que, remettant à quelqu'obscur tailleur de vélin son croquis inspiré, il lui ait laissé le soin de le *champlever au canivet*. Aurions-nous affaire au travail d'un graveur inconnu, copiste habile des belles décorations et des lettres romaines de Bramante et de Léonard de Vinci. Serait-ce un imitateur de Lucas Paciol, de Sigismond Fante, de Ludovic Vicentino, perdu dans la foule artistique qui entourait François Ier, et se préoccupant comme eux de réglementer les formes des lettres romaines. Serait-ce l'œuvre de quelqu'adepte oublié d'Albrech Durer, ou bien celui de Maître Simon du Mans, dont Tory vante, sans envie, l'habileté prodigieuse pour l'exécution des différentes sortes de caractères. L'artiste anglais, patriotiquement rêvé par C. Englefield, aurait-il transporté en France ses peaux de vélin et son canivet. Admettrons-nous enfin l'existence d'un atelier anonyme, où Garamont, le petit Bernard, le maître inconnu qui signe L. R., etc., préludaient à leurs gravures sur métal et sur bois par cette tentative imprévue? De deux choses l'une : ou Tory n'a été qu'un plagiaire, se glorifiant sans raison d'avoir créé des motifs nouveaux d'ornementation, dont un contemporain pouvait revendiquer les modèles (1) ; ou bien, on lui aurait ici tout emprunté : ses lettres fleuries, ses vignettes, son style et sa marque.

Tory était un enfant du Berry, compris dans l'apanage de Marguerite : il vivait dans l'intimité de tout ce qu'il y avait d'éminent à la cour par la naissance et l'esprit. Ses travaux patronés par la mode, son habileté multiple l'avaient élevé sur un piédestal exceptionnel. Marguerite, avec son tact habituel, s'adressait à un obligé et à un talent capable de rendre les délicatesses exagérées de son espérance.

<h2 style="text-align:center">§ XI.</h2>

Mais Tory a-t-il été le créateur d'un art nouveau si sommairement attribué à l'Angleterre par C. Englefield ?

La typographie ne sortit point armée de toutes pièces du cerveau de Gutenberg. La xylographie, les nielles, la glyptique, l'anopistographie, furent comme des points de repère qui concoururent, sans doute, à la découverte des types mobiles, et le patron découpé ou *poncif* se trouve à l'origine de bien des inventions. Les Égyptiens s'en servaient pour la décoration des sarcophages ; les Romains, selon Quintilien, l'employaient pour guider la main des enfants qui apprenaient à écrire. Les peintres du IIe siècle, se dispensant d'inventer, utilisaient, au dire de Petrone, l'*ectype* qui leur permettait de reproduire mécaniquement les tableaux de leurs devanciers. L'empereur Justin ; le roi des Wisigoths, Théodoric ; Charlemagne, se servaient par nécessité, pour signer leurs actes souverains, de lames d'or dans lesquelles leurs noms victorieux avaient été découpés. Les tailleurs de cartes usèrent longtemps d'un pareil stratagème pour dessiner les figures qu'ils rubriquaient ensuite. Enfin, selon Prosper Marchand, les enlumineurs, les décorateurs de livres imprimèrent aussi, grâce à ce moyen, dans des lames de laiton ou d'autre métal, ces lettres capitales qui, dans les manuscrits, sont si chargées d'ornements, et peut-être la fameuse Bible de Bamberg, que Paul de Prague avait vu composer et tirer devant lui en moins

(1) *Champfleury*, Passim.

de six semaines, n'avait-elle point d'autre origine. Aussi, le livre des Psaumes n'est en réalité qu'un patron ou *poncif* découpé par un ouvrier sans pareil, qui, se repliant sur lui-même, l'esprit aiguisé par des études pleines du meilleur pédantisme, prétendait dépasser les moyens de communiquer la pensée en réunissant à la fois l'écriture, la gravure, la sculpture, la peinture même, sur un mince fol. de vélin.

§ XII.

Si l'on s'en rapporte à l'enthousiasme des rares bibliophiles qui l'ont vu, le livre de la Passion, en admettant qu'il ne soit pas du même maître, pourrait sans doute soutenir la comparaison avec le livre des Psaumes. Pour le livre présenté à Louis XIV, que nous avons feuilleté à la bibliothèque de Rouen, on a tenté d'obtenir les doubles effets de la gravure sur bois et de la gravure en taille-douce ; mais on reconnaît de prime-abord que le canivet du XVI⁰ siècle est autrement habile que l'instrument du XVII⁰ siècle : l'un étude les difficultés, l'autre les domine.

§ XIII.

G. de Bure, qui a donné la description du volume découpé de la bibliothèque impériale, fait jouer à l'emporte-pièce le rôle que Sanderus attribue au canivet, et en infère que les caractères *n'ont pas le plus léger défaut et qu'ils sont percés à jour* (1). L'examen le plus sommaire permet de faire justice de cette appréciation fautive.

Le texte de ces Heures est exclusivement composé de majuscules, et aucune d'elles *n'a été percée à jour*. Le papier seul, car ici le papier a remplacé le vélin, excepté pour les estampes, a été champlevé autour d'elles, et on a obtenu ce *relief de camée* dont nous avons parlé lorsqu'on applique les fol. sur le fond uniformément

(1) G. de Bure, *Catalogue de la bibliothèque du duc de La Vallière.*

rougeâtre dont ils sont accompagnés. Le corps de ces lettres est donc, ainsi que les tailles de la gravure sur bois, composé *cum materia*. L'artiste n'a point abordé le découpage en creux *ex nulla materia*. On conçoit sans peine la différence d'aspect. Quant à l'exécution des lettres, elle est peu régulière, mal proportionnée, et les bavures dentelées et sinueuses du papier indiquent qu'elles n'ont point été frappées par un moule identique, mais bien découpées à l'aide d'un instrument plus ou moins habilement conduit par la main.

Les portraits de Henri III et de ses successeurs sont rendus d'une façon tout aussi élémentaire : on a *champlevé* la peau de vélin autour d'eux, et on les a exécutés au pinceau et à la plume. Ce ne sont, à vrai dire, que de très-médiocres miniatures (1).

Nous avons fait pressentir la ressemblance qui paraît exister entre le livre des Psaumes et le livre de la Passion. Il existe une véritable identité entre les Heures de la bibliothèque impériale et celles dont la bibliothèque de Rouen est redevable à la munificence du

(1) Pour ne point être accusé de partialité volontaire, nous croyons devoir présenter ici quelques-unes des appréciations de G. de Bure qui, pressé par le temps et les besoins de la vente, nous paraît avoir vu d'un œil complaisant le très-curieux et très-singulier volume qui, de la bibliothèque du duc de La Vallière, devait passer à la bibliothèque impériale. — Sous le N° 307 nous lisons :

Heures de Henry III, de Henry IV et de Louis XIII ... Livre infiniment précieux. Il est dans le genre de celui qui est annoncé par Prosper Marchand... et qui se trouvait en 1640 dans le cabinet d'Albert Henry, prince de Ligne...

Le volume que nous annonçons n'est ni écrit ni imprimé, mais les caractères, formés avec un emporte-pièce, sans le plus léger défaut, en sont percés à jour. Il a fallu une patience bien exercée pour avoir eu le courage de mener un livre aussi difficile à son entière confection.

Il consiste en 35 feuillets dont les pages qui sont entières ont vingt-deux lignes. Le papier en est lissé et chaque feuillet est suivi d'un papier de couleur rougeâtre qui sert à faciliter la lecture du feuillet découpé.

Les prières qu'il renferme ont été faites pour Henry III, et servaient à ce monarque dans les cérémonies de l'ordre du Saint-Esprit. Il est représenté sur les deux côtés de la couverture de ce livre d'une manière fort intéressante. Ses deux portraits s'y voient en pied. Ils ont été découpés d'abord, avec beaucoup d'art, sur le vélin blanc qui couvre le livre, et ont été ensuite peints et entourés d'arabesques et d'autres ornements découpés de même......

Outre les deux portraits de Henry III... ce précieux livre en contient trois autres qui ne sont pas moins dignes d'attention. Ils font partie de sept feuillets qui représentent des figures, dentelles et ornements découpés, peints d'un côté et dessinés à la plume de l'autre...

Nous ne poursuivons pas plus loin. Notre jugement ne nous paraît pas infirmé.

G. de Bure, *loc. cit.*

baron Leber. Même format, mêmes prières, même nombre de fol.; on dirait un double exemplaire où il manque seulement les portraits des rois, et dont la couverture, au lieu de nous montrer un Henri III entouré d'un grand luxe d'emblèmes, nous offre des fleurs de lys sans nombre poussées en creux dans le veau de la reliure.

§ XIV.

Ce n'est qu'au commencement du XVIIe siècle qu'on peut citer un nom se rapportant, quoiqu'indirectement, à la dermotypotomie : *Marie-Anne de Schurman*, cette rivale hollandaise de Mlle de Gournay, *avait fait paraître dès l'enfance une adresse de main extraordinaire, car, à l'âge de six ans, elle découpait avec des ciseaux toutes sortes de figures de papier sans aucun modèle* (1). Ces faits se rapportent à 1613 ou 1614. Continua-t-elle plus tard les premiers amusements de son enfance au milieu de ses travaux mystiques, littéraires et artistiques, c'est ce que nous ne pourrions affirmer.

Quelque temps après, vers 1687, si nous en croyons Maximilien Misson, on trouvait à Rotterdam, dans la fabrique de Van-Vliet, *de curieux ouvrages en papier représentant des navires, des palais entiers en espèces de bas-reliefs. Tout cela, dit-on, fait et rapporté à la seule pointe du canif* (2). En France, vers la même époque, le découpage devint une affaire de mode. Il régna dans les boudoirs et les couvents, dans les salons et les chapelles, s'interposa entre les feuillets du roman et du livre d'Heures, eut la prétention d'embellir les images des saints et des personnages de la cour. Je possède plusieurs gravures enjolivées par quelque main noblement inexpérimentée. L'une d'elles représente Mlle de La Vallière après sa faute. La duchesse est à genoux devant un autel; les cheveux, le visage, les bras, le crucifix et le calice sont conservés dans leur

1 Chauffepié, *Suite au Dictionnaire philosophique de Bayle*, art. de Schurman.

2 M. Misson, *Nouveau voyage en Italie*, La Haye, 1702, in-8.

intégrité. Les autres parties du tableau, à l'exception de minces filets réservés pour représenter les ombres et les plis du vêtement, ont été complétement découpées. La tête est encadrée d'un long voile de soie cramoisie ; les épaules sont drapées d'un grand manteau bleu céleste, dont les plis se déroulent en ondulant jusqu'à terre. Une robe de cour, en damas blanc broché d'argent, s'échappe de dessous le manteau. Des manchettes de dentelle chiffonnée, emprisonnent des bras que vont émacier les pénitences. La duchesse cache ses larmes et ses yeux dans un mouchoir d'une batiste roussie par le temps. L'autel resplendit d'une étoffe de soie de diverses couleurs, tandis que des lés de satin vert et bleu tapissent triomphalement le fond du tableau. Les étoffes, la dentelle, la batiste et les déchiquetures de la gravure ne font qu'un tout, grâce à une feuille de carton sur laquelle elles sont appliquées et collées. On a obtenu par ce moyen un trompe-l'œil qui ne manque ni de caprice, ni de fraîcheur. On voit dans le cabinet de M. Goinhant, à Issoudun, quelques ouvrages en papier presque semblables à ceux dont parle Misson. Les contours de l'image ont été découpés, et un enluminage assez habile décore les visages, modèle les muscles, accuse les ombres, pendant que des étoffes, artistement disposées, habillent les personnages, dont l'aspect, assez étrange, rappelle les grotesques de Calot et de Teniers.

On trouve, du reste, assez fréquemment en Berry de pieuses miniatures du XVIIe et du commencement du XVIIIe siècle, plus ou moins bien exécutées, qui s'épanouissent en médaillon, avec assez de naïveté, au milieu de rameaux fleuris, coloriés et découpés à la main. Ce sont des compositions analogues au portrait de Henry III qui se trouve sur la couverture de ses Heures ; nous en avons déjà parlé. L'habileté n'est pas plus grande d'un côté que de l'autre, c'est un découpage élémentaire, abordable à une patience ordinaire. Ces petits travaux sont tantôt sur vélin, tantôt sur papier. Ils ont été certainement faits dans quelque communauté religieuse, les traditions en font foi. Notre ami, M. Hirault, nous en a donné quelques-uns. L'un d'eux, n'a pas été achevé. On y distingue, indiquées à l'encre, les parcelles du papier que devaient *champlever* un canif ou des ciseaux paresseux.

Au XVIIIe siècle, le découpage florissait-il particulièrement dans la province qui avait donné le jour à Geofroy Tory ? Nous ne le pensons pas. La mode qui l'avait adopté au XVII° siècle semble lui avoir conservé sa vogue au XVIII°. On a donc dû découper partout où il y avait des loisirs et des communautés. Nous avons vu dans le cabinet de M. André Pottier, le savant et dévoué conservateur de la bibliothèque de Rouen, une feuille de parchemin de grande dimension entièrement découpée à jour. C'est une guipure blasonnée dans laquelle les dessins ont été obtenus, comme pour toutes les agréables bagatelles dont nous venons de parler, en *épargnant la matière*, c'est-à-dire d'après le procédé de la gravure en *relief de camée*.

Le XVIII° siècle vit naître les découpages de M. de Silhouette, un contrôleur général des finances maniant plus habilement les ciseaux du portraitiste que la plume du diplomate. Il a enrichi notre langue d'un mot nouveau, *la silhouette*, mais a appauvri la France d'une province, l'*Acadie*. Si la cour de Louis XV se glorifiait de M. de Silhouette, celle de Voltaire fesait étalage du Génevois Jean Huber, assez bon physicien, le père et le grand-père de deux entomologistes célèbres, François et Pierre Huber. A l'aide de ses ciseaux, il *roulait avec une vérité étonnante les scènes les plus variées de la nature et faisait des portraits d'une exacte ressemblance*. Ayant vécu pendant vingt ans dans la société de Voltaire, *il a laissé une série de tableaux représentant les occupations journalières du patriarche de Ferney* (1). Dans l'un de ces tableaux, il avait découpé le haras des Délices, dont le philosophe était si fier, et où il avait tenté d'introduire, sans succès, le sang Danois. C'était, dit-on, une production un peu libertine, fort originale, très-comique, qu'il vendit quinze louis, au grand désespoir du Roi Voltaire, dont la majesté avait reçu quelques éclaboussures. Mais l'artiste ne tarda pas à obtenir son pardon.

§ XV.

Nous n'avons rien pu savoir de précis sur deux livres découpés dont nous ont parlé le savant bibliophile Jacob et M. Fontaine, le libraire artiste du passage des Panoramas.

(1 *Biographie universelle*. Weiss, art. Jean Huber.

§ XVI.

Rencontrerions-nous le découpage au canivet dans les arts de la civilisation orientale? Nous croyons avoir lu quelque part que certains monastères de Russie possédaient des estampes religieuses exécutées d'après cette méthode. M. E. Le Barbier, qui connaît si bien la Grèce, et qui a donné la biographie savante et colorée de saint Christodule, n'a pas trouvé trace de productions analogues dans ce pays. Mais les Arabes et les Maures portent en Orient et dans notre colonie Africaine, en guise d'amulettes, des versets du Coran découpés à jour dans le papier ou le vélin.

§ XVII.

La dermotypotemnie n'a été, à proprement parler qu'une tentative laborieuse et pleine d'afféterie, qui devait s'évanouir au souffle de l'imprimerie. Car si quelques tailleurs d'images ont obtenu, des peaux de vélin et du canivet, des œuvres aussi parfaites que le burin, la pointe, le touret, leur eussent données avec le cuivre, le bois, la pierre fine, d'autres ont constaté leur impuissance par leurs travaux mêmes. Enfin, si cet art qui a brillé d'un éclat fugitif s'est adultéré par les produits plus élémentaires du XVIIe et du XVIIIe siècles ; si, passant par la fabrique de Van-Vliet, il a donné naissance au découpage à l'emporte-pièce, dont MM. Dopter et Letaille ont enguirlandé leurs gravures de piété, c'est que, comme la typographie, il a voulu se rendre accessible à tous et non plus à quelques privilégiés.

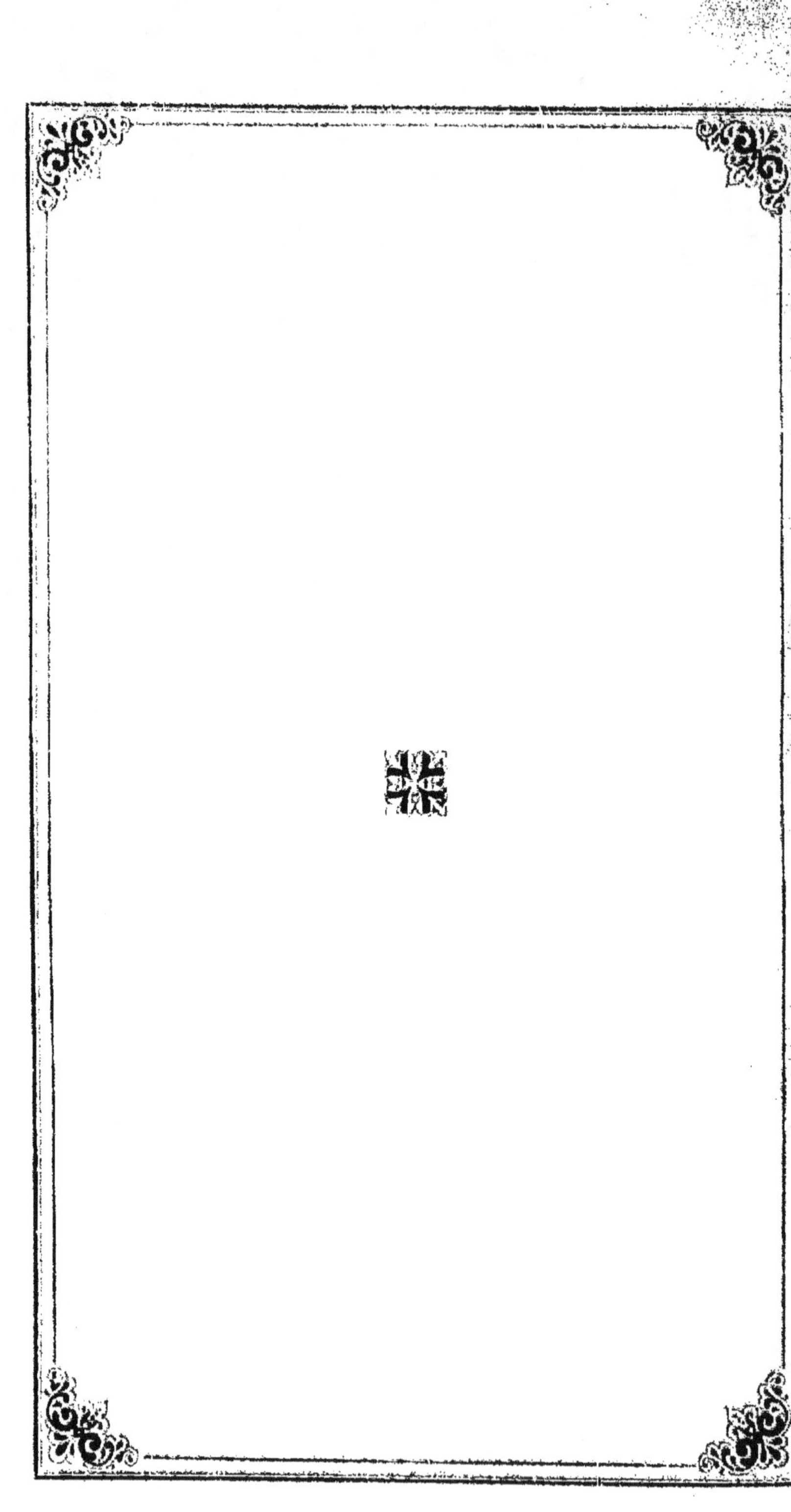